MACDARA Ó FÁTHARTA

MÁIRE UÍ DHUFAIGH

 AN GÚM

Baile Átha Cliath

© An Roinn Oideachais agus Scileanna / Foras na Gaeilge, 2013

ISBN 978–1–85791–814–4

Baineann an saothar seo le scéim Dhearthóirí Áiseanna Teagaisc na Roinne Oideachais agus Eolaíochta atá ann chun áiseanna Gaeilge a sholáthar do na bunscoileanna Gaeltachta agus do na bunscoileanna lán-Ghaeilge.

Máire Uí Dhufaigh a scríobh

Dearadh agus leagan amach: Susan Meaney

PB Print a chlóbhuail in Éirinn

Tá na foilsitheoirí buíoch díobh seo a leanas as cead a thabhairt grianghraif éagsúla a atáirgeadh:
Amharclann na Mainistreach, Coláiste Iarfhlatha, Eo Teilifís, Imagefile, Macdara Ó Fátharta, Ros Kavanagh, Ros na Rún, Leabharlann Grianghraf RTÉ, TG4

Níor éirigh linn, áfach, teagmháil a dhéanamh le daoine eile a bhfuil cóipcheart acu ar chuid de na grianghraif sa leabhar seo. Más mian le haon duine acu seo teagmháil a dhéanamh linn ina thaobh, beidh na foilsitheoirí lántoilteanach socruithe cuí a dhéanamh.

Le fáil tríd an bpost uathu seo:

An Siopa Leabhar,   *nó*   An Ceathrú Póilí,
6 Sráid Fhearchair,   Cultúrlann Mac Adam-Ó Fiaich,
Baile Átha Cliath 2.   216 Bóthar na bhFál,
siopa@cnag.ie   Béal Feirste BT12 6AH.
                                     leabhair@an4poili.com

Orduithe ó leabhardhíoltóirí chucu seo:

Áis,   *nó*   International Education Services,
31 Sráid na bhFíníní,   Eastát Tionsclaíoch Weston,
Baile Átha Cliath 2.   Léim an Bhradáin,
ais@forasnagaeilge.ie   Co. Chill Dara.
                                     info@iesltd.ie

An Gúm, 24-27 Sráid Fhreidric Thuaidh, Baile Átha Cliath 1

AOIBHINN BEATHA
AN OILEÁNAIGH

Inis Meáin, an áit ar rugadh Macdara.

Aisteoir stáitse, teilifíse agus scannáin is ea Macdara
Ó Fátharta. In Inis Meáin, ceann de na trí Oileán
Árann a rugadh é. 'Dara Mhéiní' a thugtar ar
Mhacdara sna hoileáin, i ndiaidh a Mhamó, Méiní
Éamoinn. Bhí Méiní ina cónaí le muintir Mhacdara
go dtí gur cailleadh í.

Micil Dara Pheigín Ó Fátharta a bhí ar athair Mhacdara agus Máire Sheáin Donnach Mac Donnchadha a bhí ar a mháthair roimh phósadh di. Aon duine dhéag de ghasúir a bhí acu agus ba é Macdara an ceathrú duine ba shine acu. Peige,

Máthair agus athair Mhacdara.

Teresa, Máirín, Bernie agus Bríd atá ar a chuid deirfiúracha agus Seáinín, Micilín, Pádraig, Ciarán agus Joe atá ar a chuid deartháireacha. Ar Bhaile an Dúna a bhí siad ag cur fúthu nuair a bhí Macdara ina ghasúr, sa teach céanna inar rugadh agus inar tógadh a mháthair.

Teach stairiúil is ea an teach inar tógadh Macdara. Is sa teach sin a d'fhan go leor de na daoine a tháinig go hInis Meáin le Gaeilge a fhoghlaim ag tús an fichiú céad. Go deimhin féin, bhíodh an oiread scoláirí léannta ag triall ar an teach is gur baisteadh 'Ollscoil na Gaeilge' air! I measc na ndaoine cáiliúla a chaith tréimhsí ar lóistín sa teach inar tógadh Macdara bhí Pádraig Mac Piarais, Eoin Mac Néill, An tAthair Eoghan Ó Gramhnaigh, Úna Ní Fhaircheallaigh agus John Millington Synge.

Scríbhneoir agus drámadóir ba ea John Millington Synge a fuair bás sa mbliain 1909. Tháinig sé go hInis Meáin le scéalta agus seanchas a bhailiú agus le feabhas a chur ar a chuid Gaeilge. D'fhan Synge sa teach ar Bhaile an Dúna den chéad uair sa mbliain 1889 agus tá cuid dá chuid drámaí bunaithe ar

scéalta a chuala sé le linn dó a bheith ar theallach
an tí sin.

John Millington Synge

'Teach Synge', an teach
inar tógadh Macdara.

Go dtí an lá atá inniu ann, tagann cuairteoirí go
hInis Meáin ag iarraidh 'Teach Synge' a fheiceáil.
Ach dar ndóigh, níor le John Millinton Synge
an teach atá i gceist ach le muintir Mhacdara! Is
cuimhin le Macdara daoine a bheith ag teacht chuig
an teach acu ag cuartú eolais faoi Synge. Cheap
Macdara agus na páistí eile sa gclann gur bharrúil
an t-ainm a bhí ar an bhfear seo! Nuair a tháinig
an tOllamh David H. Greene anall as Meiriceá le

beathaisnéis Synge a scríobh, ní róbhuíoch den Synge céanna a bhí Macdara. B'éigean dó féin agus don deartháir is sine aige codladh sa gcró ar feadh seachtaine le leaba a thabhairt don Ollamh Greene! Nár bheag a shamhlaigh Macdara an t-am sin go mbeadh sé féin ina aisteoir lá in Amharclann na Mainistreach, amharclann a raibh dlúthbhaint ag John Millington Synge lena bunú. Agus níl bealach ar bith go bhféadfadh sé a shamhlú gur dráma le Synge, *In the Shadow of the Glen*, an chéad dráma a mbeadh páirt aige ann mar aisteoir gairmiúil. Is aisteach an mac é an saol!

Nuair a bhí Macdara ag freastal ar Bhunscoil Naomh Eoin in Inis Meáin, ba iad an Mháistreás Ruairí Beag (Anna Bean Uí Fhátharta) agus an Máistir Frank D'Arcy a bhí ag múineadh ann. Deir sé gur múinteoirí iontacha a bhí iontu agus go bhfuil rudaí fós ina chloigeann a mhúin siad dó. Idir 96 agus 106 dalta a bhí sa scoil ag an am. Is cuimhin le Macdara na huimhreacha tinrimh sin a fheiceáil ar an gclár dubh. Rang beag a bhí i rang Mhacdara féin, áfach, gan ach ochtar dalta ann.

Nuair a bhí Macdara naoi mbliana d'aois tharla eachtra nach ndéanfaidh sé dearmad go deo uirthi. Tháinig fear strainséartha isteach chuig an scoil lá amháin. Is cuimhin le Macdara gur chaith an fear seo agus an Máistir tamall ag cogarnaíl thuas ag an tine. An chéad rud eile, tháinig an Máistir anuas agus d'fhiafraigh sé de Mhacdara agus de chailín i rang eile an mbeadh suim acu a bheith ag aisteoireacht i scannán. Is amhlaidh go raibh píosa de scannán a bhí bunaithe ar an scéal *The Hands of Cormac Joyce* á scannánú in Inis Meáin. Bhí an fear ag iarraidh gasúir a fháil a ghlacfadh páirt ann. Piocadh Colm Tom Mhóir don phríomhpháirt agus is do Mhacdara a tugadh páirt 'Jackie'. D'fhan an leasainm 'Jackie' air i measc a mhuintire ar feadh i bhfad. Deir Macdara gur bhain sé an-sásamh as a bheith ag obair ar an scannán.

'Agus tuige nach mbainfinn?' a deir sé, 'nuair a bhí an tseachtain ar fad saor ón scoil agam!'

Agus le sméar mullaigh a chur ar an tseachtain, bhíodh sé ag ithe i dteach comharsan, áit a raibh criú an scannáin ar lóistín. Bíonn blas ar chuid na gcomharsan!

Nuair a thagaidís abhaile ón scoil bhíodh neart le déanamh ag buachaillí óga Inis Meáin. I dtús báire bhíodh cúnamh ag teastáil sa mbaile. Chaithfí an tae a thabhairt amach chuig na fir a bhí ag obair ar na creaga, sa ngarraí nó sa gcladach. Chaithfí uisce agus bia a thabhairt do na beithígh chomh maith. In éineacht leis sin ar fad, bhí obair ann a shaothródh cúpla scilling dóibh. D'fhéadfaidís faochain, duileasc agus carraigín a phiocadh sa gcladach, nó slata mara a bhailiú. Bhí coiníní fairsing ar fud an oileáin an t-am úd agus d'fhéadfaí airgead a fháil freisin as a gcuid craicne a dhíol. Théadh Macdara agus a chomrádaithe ag fiach na gcoiníní faoi sholas na gealaí. Is cuimhin leis go raibh ceird áirithe ag baint le fiach na gcoiníní. Le solas an lae dhúntaí na poill ar fad a bhí ar an mbuaile ach amháin 'poll daite' an choinín. Ansin, le solas na gealaí, chuirtí an madra isteach sa mbuaile. Dá mbeadh aon choinín inti ruaigeadh an madra é agus bheadh duine roimhe ar an bpoll daite leis an gcoinín a cheansú.

Ach ná bí ag ceapadh gur ag obair a bhíodh Macdara agus a chomrádaithe óga i gcónaí. M'anam nach ea! Bhíodh neart spraoi, chomh maith le cuid mhaith ábhaillí, acu i gcomhluadar.

'Níorbh aon aingil muid,' a deir sé.

Théidís ag goid úll agus bhídís ag marcaíocht ar asal na gcomharsan – i ngan fhios, dar ndóigh, do na comharsana céanna. *Joyriding* ar asal, mar a déarfaí sa lá atá inniu ann! Tráthnónta Domhnaigh d'imrídís peil agus iománaíocht i gClaí Gainimh nó ar Mhuirbheach Mhichíl. Is cuimhin le Macdara go ndéanadh na buachaillí a gcuid camán féin as adhmad a thagadh i dtír. Agus mura mbeadh a leithéid le fáil, is minic a ghoididís seanphíosa adhmaid ó dhuine de na comharsana le camán a dhéanamh as! Is mó suim a bhí ag Macdara i gcónaí san iomáint ná sa bpeil, cé gur imir sé babhta amháin ar fhoireann peile an oileáin in aghaidh Inis Mór agus é níos sine.

Dhá chaitheamh aimsire eile a raibh an-tóir ag buachaillí agus ag fir óga an oileáin orthu ba ea caitheamh pininí agus caitheamh 'cloch neart'.

Is cuimhin le Macdara slua den dream óg a bheith bailithe le chéile i mBearna Gaoithe tráthnónta Domhnaigh agus an comórtas a bhíodh eatarthu ag iarraidh a fháil amach cé acu is faide a chaithfeadh 'an chloch neart'. Déanann Árannach eile, an file Máirtín Ó Direáin tagairt don chaitheamh aimsire céanna seo sa dán 'Árainn 1947':

Liú áthais ná aitis
Ó chroí na hóige
Ag caitheamh 'cloch neart'
Mar ba dhual tráthnóna Domhnaigh.
. . . .
An tráth seo thiar
Níor chualas.

Thaitin an t-iascach thar barr le Macdara. Deir sé go raibh sé an-óg nuair a thosaigh sé ag dul amach ag iascach ronnaigh sa gcurach lena athair. Agus, ar nós bhuachaillí eile an oileáin, bhíodh sé ag iascach ballaigh de na hailltreacha le dorú láimhe. Ó tharla go bhfuil ailltreacha an-ard in Inis Meáin thuigfeá go dtarraingíodh sé seo imní sa mbaile, go háirithe agus an oíche ag titim.

Oícheanta geimhridh thaitníodh sé le Macdara a bheith ag éisteacht leis an raidió. Seo, dar ndóigh, sul má bhí trácht ar bith ar an teilifís. Chomh fada agus is cuimhin le Macdara, is sa teach acu féin a bhí an t-aon raidió ar an mbaile. Le cadhnra a d'oibrigh an raidió ag an am de bharr nach raibh aon leictreachas sna hoileáin.

Nuair a thagaidís abhaile ón scoil le haghaidh an lóin is minic go mbíodh máthair Mhacdara agus bean comharsan sa gcisteanach ag éisteacht leis an dráma raidió *The Kennedys of Castle Ross*. Chuir Macdara féin an-suim sa tsraith sobaldrámaí le hEoin Ó Súilleabháin, *Colm i Sasana* agus *Colm sa mBaile*, mar shampla, a bhíodh á craoladh uair sa tseachtain ar Raidió Éireann. Ba é an seanchaí Eamon Kelly ab fhearr a thaitin lena thuismitheoirí.

Is minic, mar sin, a dtugtaí ordú an raidió a chur as agus 'an *battery* a spáráil' mar go raibh an seanchaí le bheith air níos deireanaí. Blianta ina dhiaidh sin bheadh Macdara ag obair mar aisteoir leis an seanchaí céanna. Go deimhin, ba mhinic Eamon Kelly mar athair stáitse ag Macdara nuair a bhí siad beirt ag glacadh páirt i ndrámaí le chéile in Amharclann na Mainistreach.

Athrú Saoil

Coláiste Iarfhlatha.

De bharr nach raibh aon mheánscoil in Inis Meáin
nuair a bhí Macdara ag fás aníos is chuig scoileanna
cónaithe ar an mórthír a chuirtí formhór na ndaoine
óga a bhí le dul ar aghaidh go dtí an mheánscoil.
Go Coláiste Iarfhlatha i dTuaim, i gContae na
Gaillimhe, a cuireadh Macdara. Ceithre bliana
déag a bhí sé agus ní raibh aon chleachtadh aige
ar an saol taobh amuigh den oileán. Go deimhin,
ní raibh sé i nGaillimh ach aon uair amháin sula
ndeachaigh sé chuig an meánscoil. Ag breathnú
siar anois air síleann Macdara nach bhfuil sé ceart

ar chor ar bith go mbeadh gasúir scartha mar sin óna dtuismitheoirí ag aois chomh óg.

Ach ní raibh a fhios ag Macdara cé chomh mór agus a bheadh an t-athrú saoil nó go raibh sé ag teacht amach ón aifreann an chéad lá sa gcoláiste aige. Ar nós gasúir go leor de bhunadh na Gaeltachta an tráth úd, is beag Béarla a bhí aige agus é ag tosú ar an meánscoil. Leis an bhfírinne a rá, is ar éigean a bhí sé in ann Béarla a thuiscint.

'Agus muid ag teacht amach ón aifreann an lá sin,' a deir sé, 'chuala mé an leaid seo as Caisleán an Bharraigh ag rá *"That's the fella, now, who can't speak English"*. Cé go raibh mé ar fhíorbheagán Béarla thuig mé an méid sin agus tá sé soiléir fós i m'intinn.'

Is ansin a fuair sé amach den chéad uair nach chuile dhuine a labhair Gaeilge. Sin é an t-am ar thuig sé go gcaithfeadh sé Béarla a fhoghlaim sula mbeadh sé ina cheap magaidh ar fad.

Ní gá a rá go raibh Macdara uaigneach sa gcoláiste. Ní raibh aithne aige ar dhuine ná deoraí. D'airigh sé uaidh a mhuintir. D'airigh sé uaidh saoirse agus fairsinge an oileáin. D'airigh sé uaidh an fharraige. Creideann sé go bhfuil an fharraige i gcuisle an oileánaigh.

Agus é ag tosú amach sa scoil chónaithe, ba dheacair le Macdara dul i gcleachtadh ar rialacha agus ar nósanna imeachta na scoile. Is cuimhin leis, mar shampla, a cheapadh gurbh aisteach an rud é a bheith ag dul a chodladh agus é fós ina lá geal, go háirithe an chéad chúpla mí. Ní raibh aon dul as ag na scoláirí cónaithe ach amháin faoi Nollaig, faoi Cháisc agus sa samhradh.

'Agus ní bhíodh cuairteoirí agam ach an oiread,' a deir sé. 'Cé nach raibh mé ach leathchéad míle ó bhaile bhraith mé mar a bheinn i dtír choimhthíoch, gléasta in éadach siopa faoi mo choiléar agus mo bhóna.'

Cloch ag Coláiste Iarfhlatha i dTuaim.
St. Jarlath's College ainm Béarla an choláiste.

Ach ba ghearr, mar sin féin, go ndeachaigh sé i gcleachtadh ar an gcóras. Níorbh fhada go raibh an t-oileánach óg in ann do na buachaillí a bhíodh ag spochadh as agus in ann go maith aire a thabhairt dó féin. Dhírigh sé isteach thar rud ar bith eile ar fhoghlaim an Bhéarla. D'éist sé go grinn agus thosaigh sé ag léamh chuile leabhar Béarla dár leag sé lámh uirthi.

'Sílim gur ansin a phioc mé suas galar na léitheoireachta,' a deir sé, 'galar nár leigheasadh ó shin!'

Faoi dheireadh an chéad téarma bhí Macdara in ann comhrá a dhéanamh i mBéarla agus uaidh sin amach thaitin an Béarla leis thar aon ábhar scoile eile. Rud eile ar bhain Macdara sásamh as le linn dó a bheith sa mheánscoil ná an 'opera' a chuireadh scoláirí an choláiste ar an stáitse chuile Nollaig. Ceoldráma de chuid *Gilbert and Sullivan* a bhíodh ann de ghnáth agus chuirtí ar stáitse é sa *Savoy* i mbaile Thuama. Thagadh na cailíní a bhí ag freastal ar Chlochar na Trócaire agus ar Chlochar na Toirbhirte ar an mbaile le breathnú ar an *opera*. Rud mór a bhí anseo, dar ndóigh, i gcás na mbuachaillí ar scoláirí cónaithe iad!

Sagairt ar fad a bhí i gColáiste Iarfhlatha an t-am sin agus bhí pionós corpartha i bhfeidhm mar a bhí i mórán chuile scoil ag an am.

'Bhíodar géar,' a deir Macdara, 'géar nuair nach raibh aon ghá leis. Dá mbeadh duine go maith ag an bpeil agus é a bheith ag imirt don choláiste bheadh níos mó stádais aige agus b'fhéidir nach mbeifí chomh géar céanna air.'

Ar an drochuair, ba mhó suim a bhí ag Macdara san iománaíocht. Is cuimhin leis gur imir sé cluiche amháin iománaíochta don choláiste in aghaidh Bhéal an Átha Fada, 'thíos i Mala Raithní tráthnóna garbh Céadaoin,' agus gur buaileadh iad!

Agus iad sa mbliain dheireanach sa meánscoil bhí buachaillí Choláiste Iarfhlatha ag réiteach le tabhairt faoin saol mór. Bhí súil ag cuid acu ar phostanna sa mbanc nó sa státseirbhís. Bhí tuilleadh fós ag dul go Maigh Nuad le bheith ina sagart. Cé go raibh Macdara féin ag cuimhneamh tráth ar dhul le sagartacht, bhí sé caite as a cheann aige faoin am seo. Is beag suim a bhí aige ach an oiread sa mbanc ná sa státseirbhís. Thuig sé nach bhfeilfeadh post 'óna naoi go dtí a cúig' dó beag ná mór. Bhí sé i gcúl a chinn aige gur mhaith leis bheith ina aisteoir ach ní raibh sé cinnte cén chaoi a dtabharfadh duine faoi sin. Ar chaoi ar bith, nuair a tháinig deireadh an tsamhraidh sin thug sé a aghaidh ar Bhaile Átha Cliath. Bhí cairde agus daoine muinteartha leis sa bpríomhchathair cheana féin, a dheirfiúr Teresa ina measc.

AG FOGHLAIM
NA CEIRDE

*Amharclann na Mainistreach
i mBaile Átha Cliath.*

Nuair a bhain sé Baile Átha Cliath amach thosaigh
Macdara ag cur tuairisce faoi na cúrsaí aisteoireachta
a bhí ar bun sa gcathair. Ach ba ghearr go bhfuair sé
amach go raibh costas ag baint leo agus nár mhór
dó airgead a bheith saothraithe agus sábháilte aige
sula bhféadfadh sé tabhairt faoi aon cheann acu.
Thug sé tamall ag obair in oifigí Ghael Linn i lár

na cathrach ach níor thaitin na huaireanta oibre ar chor ar bith leis. Chaith sé an post in aer agus thug sé a aghaidh ar Bhinn Éadair go bhfuair sé jab ag iascach ar cheann de na trálaeir. Deir sé gur saol an-chrua go deo é saol an iascaire agus nár mhaith leis é mar shlí mhaireachtála.

Sa mbliain 1971 thosaigh Macdara ar chúrsa aisteoireachta i Scoil Aisteoireachta na Mainistreach i mBaile Átha Cliath. Tá clú ar fud an domhain ar Amharclann na Mainistreach a bunaíodh sa mbliain 1903. Ar feadh dhá bhliain chuaigh Macdara chuig ranganna chuile thráthnóna, cúig lá na seachtaine, tar éis lá oibre a bheith curtha isteach aige i bpostanna éagsúla. Mhair sé in árasáin dhifriúla ar chaon taobh den Life i rith an ama seo. Grúpa beag, dáréag ar fad, a bhí ag freastal ar an gcúrsa. D'fhoghlaim siad faoi cheird na haisteoireachta agus bhíodh léachtaí acu le haisteoirí mór le rá, leithéidí Hilton Edwards agus Ray McAnally. Thagadh daoine anall as Sasana le ceardlanna a thabhairt faoin scil a bhaineann leis an nglór a úsáid mar is ceart ar an stáitse. Dar le Macdara, 'is bunús maith é cúrsa den chineál seo ach is ar an stáitse féin atá an cheird le foghlaim.'

Nuair a bhí an cúrsa aisteoireachta thart tugadh conradh bliana leis an gcompántas Aisteoirí na Mainistreach do bheirt mhac léinn. Agus bhí Macdara Ó Fátharta ar dhuine den bheirt! A bhuíochas sin, a deir sé, ar Lelia Doolin, an Stiúrthóir Ealaíne a bhí ann ag an am. Bhí an báire leis. Bhí sé ar an mbóthar mar aisteoir leis an amharclann ba mhó le rá sa tír!

Ina Aisteoir Gairmiúil

Chonacthas Macdara Ó Fátharta ar an stáitse mar aisteoir gairmiúil den chéad uair i mí Lúnasa 1973 sa dráma *In the Shadow of the Glen* le John Millington Synge. Dar ndóigh, ba é seo an drámadóir cáiliúil a raibh Macdara ag fáil caidéise dá ainm na blianta roimhe sin agus é ina leaid óg in Inis Meáin! I gContae Chill Mhantáin atá *In the Shadow of the Glen* suite ach is istigh ar theallach 'Theach Synge' in Inis Meáin a chuala an drámadóir an scéal ar a bhfuil an dráma bunaithe. Ba é Macdara a ghlac páirt an aoire, Michael Dara, sa léiriú áirithe seo.

Thug an t-aisteoir óg faoina chuid oibre go bríomhar, fonnmhar. Sa mbliain 1975, agus gan é ach cúpla bliain i mbun na ceirde, tugadh an phríomhpháirt dó i gceann de dhrámaí na hamharclainne. Dráma darbh ainm *Lovers* a scríobh Brian Friel a bhí i gceist agus ba é Macdara a ghlac páirt 'Joe' ann. De bharr gurbh é sin an chéad uair dó príomhpháirt a bheith aige bhí sé thar a bheith neirbhíseach. Is cuimhin leis gur dhúirt sé ina intinn féin: 'Faraor nach amuigh sa gcurach thiar in Inis Meáin ag iarraidh ronnach atá mé!' Is minic a tháinig an rud céanna ina chloigeann sna blianta ina dhiaidh sin, go háirithe ar an gcéad oíche a mbeadh dráma á léiriú.

Macdara agus Bernadette Shortt sa dráma Lovers.

Chaith Macdara breis agus scór blianta ina bhall d'Aisteoirí na Mainistreach. Bhí páirteanna móra agus beaga aige sna drámaí a léirigh an amharclann sna blianta sin. De bharr nach mbíodh drámaí Gaeilge ar bun ach corruair is i mBéarla is mó a bhíodh sé ag obair. Ghlac sé páirt i ndrámaí de chuid Chekov, Friel, Murphy, Shakespeare, John B. Keane, Sebastian Barry, Yeats, O'Casey agus John Millington Synge, i measc údar eile.

Deir sé gur fhoghlaim sé go leor ó na drámaí a raibh sé páirteach iontu.

'Sa jab seo bíonn tú ag cur oideachais ort féin i gcónaí. Tá sé cosúil le hollscoil bhuan.'

Luann sé, mar shampla, an méid atá le foghlaim ag duine faoi chúrsaí núicléach as an dráma faoi Shearnóbail, *Sarcophagus*. Dráma eile a luann sé sa gcomhthéacs céanna is ea an dráma *Translations* le Brian Friel.

'Is féidir an t-uafás a fhoghlaim ón dráma seo faoi stair na hÉireann, go háirithe faoin gcaoi ar athraíodh na logainmneacha agus faoi shuirbhé John O'Donovan.'

Sa dráma áirithe sin feictear an choimhlint a bhí idir Éirinn agus Sasana, agus idir an Béarla agus an Ghaeilge. Tugtar léargas ar chúrsaí oideachais ag an am chomh maith.

'Beidh tuiscint níos fearr ag an aisteoir ar charachtair an dráma seo má léann sé píosaí faoin saol a bhí ann ag an am,' a deir sé.

Dar le Macdara, bíonn páirteanna áirithe níos deacra ná a chéile don aisteoir.

'Amanta, tabharfaidh do chúlra agus do thaithí féin tuiscint duit ar shaol agus ar mhothúcháin an charachtair a bheidh le léiriú agat ar stáitse. Ach mura bhfuil an pháirt feiliúnach duit beidh sé deacair. Beidh sé deacair an carachtar seo a fháil ionat féin. Agus cé go mbíonn rogha ó thaobh páirteanna ag an aisteoir atá "ag spailpínteacht", ní bhíonn an dara rogha ag an té atá fostaithe ag compántas aisteoirí ach glacadh leis an bpáirt a thugtar dó.'

Nuair a bhí sé fostaithe ag Amharclann na Mainistreach is ceithre seachtaine, go hiondúil, a bhíodh ag na haisteoirí le dráma nua a chleachtadh.

'Ach d'fhéadfadh sé tarlú,' a deir Macdara, 'go n-osclódh dráma oíche Dé Máirt, mar shampla, ach go gcaithfeá tosú ag cleachtadh an chéad dráma eile maidin Dé Céadaoin.'

Ach fiú nuair a tharlaíodh sé seo níor bhraith Macdara riamh go raibh mórán stró ag baint le 'línte' a fhoghlaim. Le linn do dhráma a bheith ar siúl bhíodh na haisteoirí ar an stáitse sé oíche sa tseachtain ón Luan go dtí an Satharn ar feadh cúig seachtaine ar an meán. Dá mbeadh an-tóir ag an bpobal ar dhráma áirithe, áfach, d'fhéadfadh sé bheith á léiriú ar feadh míonna. Is cuimhin le Macdara uair a raibh an dráma *Sive* ar siúl ar feadh sé seachtaine déag. Comhfhiontar a bhí sa léiriú áirithe seo idir Amharclann na Mainistreach agus Amharclann an Gaiety. Deir sé go mbíodh ríméad ar na haisteoirí nuair a leanadh dráma ar aghaidh an t-achar sin, go mór mór na haisteoirí úd a bhí 'ag spailpínteacht'. Na haisteoirí sin, ní raibh pá rialta á fháil acu ón amharclann ach d'íoctaí as gach léiriú den dráma iad.

Macdara (sa lár) sa dráma Candide.

Macdara agus Bríd Ní Neachtain sa dráma Séadna.

Is é Eoin Ó Súilleabháin an té ba mhó a raibh tionchar aige ar Mhacdara ina shaol aisteoireachta. Aisteoir agus scríbhneoir ba ea Eoin a raibh ardmheas air sna seascaidí agus sna seachtóidí.

Chaith sé ceithre bliana ag aisteoireacht le hAmharclann na Mainistreach i dtús na seascaidí. D'fhéadfá a rá go raibh tionchar ag an Súilleabhánach ar Mhacdara Ó Fátharta sular chuir sé aithne phearsanta air ar chor ar bith, ón am a mbíodh Macdara ag éisteacht le drámaí dá chuid ar an raidió agus á fheiceáil ar an teilifís. Casadh an bheirt ar a chéile ar dtús sa mbliain 1974 agus iad ag glacadh páirt i ndráma teilifíse a bhí bunaithe ar ghearrscéal de chuid Liam Uí Fhlaithearta, 'Teangabháil'.

Macdara agus Mairéad Ní Chonghaile sa dráma teilifíse Teangabháil.

Macdara agus Eoin Ó Súilleabháin sa dráma teilifíse Teangabháil.

Ba é *Teangabháil* an chéad fhiontar scannánaíochta ag Macdara. Is cuimhin leis lá amháin agus iad ag scannánú i gCo. an Chláir gur dhúirt Eoin Ó Súilleabháin leis, agus é ag caint faoi mhothúcháin agus faoi fhírinneacht na haisteoireachta: 'Mura dtagann sé ón gcroí, déan dearmad air.' Ba mhór an chabhair é Eoin do Mhacdara.

'Bhí sé thar a bheith flaithiúil lena chuid eolais i gcónaí,' a deir sé.

D'éirigh an bheirt an-mhuinteartha le chéile

agus mhair an cairdeas eatarthu nó gur cailleadh Eoin sa mbliain 1989. Ní raibh sé ach 54 bliain d'aois.

Bhain Macdara an-sásamh go deo as na blianta a chaith sé ag taisteal taobh amuigh d'Éirinn le hAisteoirí na Mainistreach. Síleann sé go bhfuil 'mianach an tseachránaí' ann mar gur aoibhinn leis a bheith ag taisteal. Idir na blianta 1988 agus 1995 léirigh an compántas drámaí sa Rúis, i Hong Cong, i Stáit Aontaithe Mheiriceá, i gCeanada, san Astráil, sa Nua-Shéalainn agus sa bhFrainc. Taobh istigh de chúpla bliain bhí na tíortha sin ar fad feicthe aige, cuid acu faoi dhó.

Chaith sé ceithre mhí i Meiriceá in 1990 le dráma de chuid Synge *The Playboy of the Western World*. Chonacthas Macdara ar stáitse i bpáirt Shawn Keogh i Washington D.C. agus in áiteacha chomh fada ó dheas le Scotsdale, Arizona, agus chomh fada ó thuaidh le Toronto i gCeanada. Bhí go leor Éireannaigh, atá ag cur fúthu i Meiriceá, sa lucht féachana, muintir Árann ina measc. Tráthúil go leor, is in Inis Meáin a chuala Synge an scéal ar ar bhunaigh sé an dráma *The Playboy of the Western World*. Is é scéal an dráma go gcuireann buachaill báire, Christy Mahon, ina luí ar chuile dhuine gur mharaigh sé a athair. Nuair a léiríodh an dráma den chéad uair riamh i mBaile Átha Cliath in Eanáir 1907 bhí daoine go mór ina choinne mar gheall air go raibh fear a dhúnmharaigh a athair ina laoch sa scéal. Tharla raic in Amharclann na Mainistreach an oíche ar oscail an dráma agus bhí círéibeacha ann chuile oíche nó gur chríochnaigh sé. Tharla a leithéid céanna ceithre bliana ina dhiadh sin nuair a cuireadh ar stáitse i Nua-Eabhrac den chéad uair é.

Ach is í an choicís a chaith sé sa Rúis leis an dráma *The Field* is mó a mhaireann i gcuimhne Mhacdara. Is scéal é *The Field* faoi fheirmeoir, Bull McCabe, a raibh a shaol caite aige ag cur barr feabhais ar pháirc a bhí ar cíos ag a mhuintir. Nuair a shocraíonn an tiarna talún an garraí a dhíol, téann McCabe le mire agus tarlaíonn go leor tragóidí dá bharr. Ba ag Niall Tóibín a bhí páirt Bull McCabe agus an dráma á léiriú sa Rúis, agus is i bpáirt an té a tháinig leis an bpáirc a cheannach a bhí Macdara. Is cuimhin leis go raibh an-spéis ag an lucht féachana Rúiseach sa scéal agus iad ag éisteacht trí chluasáin le haistriúchán Rúisise ar an dráma seo le John B. Keane.

Ní dhéanfaidh Macdara dearmad go deo ar an gcuairt sin ar an Rúis in 1988. Tréimhse spéisiúil a bhí ann i stair na Rúise agus an cumannachas i ndeireadh a ré. Bhí roinnt de shaothair na scríbhneoirí agus na bhfilí móra Rúiseacha léite ag Macdara, leithéidí Chekhov, Dostoevsky, Gorky agus Anna Akhmatova. Spreag an léitheoireacht sin a spéis sa Rúis agus thug roinnt tuisceana dó ar stair agus ar pholaitíocht na tíre. Deir Macdara go raibh an t-ádh air gur tugadh cuid mhaith am saor do na haisteoirí le linn dóibh a bheith sa Rúis. D'éirigh leis cuairt a thabhairt ar áiteacha a mbíodh sé ag léamh fúthu agus é fós ina scoláire i gColáiste Iarfhlatha. I Moscó thug sé cuairt ar an teach inar mhair Anton Chekhov. I gCathair Pheadair chuaigh sé go dtí an músaem ar a dtugtar 'Dostoevsky's Last Apartment'. Seo é an t-árasán deireanach inar mhair an scríbhneoir mór le rá Fyodor Dostoevsky, agus is ann a fuair sé bás. Is é Dostoevsky a scríobh *Crime and Punishment*, ceann de na leabhair is ansa le Macdara. Le linn do Mhacdara a bheith sa Rúis, bhí sé soiléir dó go bhfuil an-urraim ag na Rúisigh dá stair chultúrtha, dá gcuid iarsmalann, dá gcuid caisleán, dá bpáláis agus dá séipéal. Chomh maith leis sin, thug sé faoi deara go raibh dealbh 'ar chuile choirnéal' i gcuimhne ar scríbhneoirí agus ar chumadóirí ceoil.

Pálás an Gheimhridh i gCathair Pheadair na Rúise.

Ocht mbliana déag ina dhiadh sin, thug Macdara cuairt ar an Rúis arís. Deir sé go bhféadfadh sé leabhar a scríobh faoin athrú a bhí tagtha ar an tír. Bhí an rachmas a tháinig le deireadh an chumannachais tar éis an Rúis a athrú ó bhonn.

Ná Lig do Rún ...

Sa mbliain 1996 socraíodh deireadh a chur le buanchompántas Aisteoirí na Mainistreach. Faoin am sin bhí breis agus fiche bliain caite ag Macdara leis an gcompántas. Tráthúil go leor, bhí TG4 ag cur tús le sobaldráma teilifíse darbh ainm *Ros na Rún* ag an am céanna agus bhí aisteoirí le Gaeilge ag teastáil leis na páirteanna a líonadh. Chuaigh Macdara le haghaidh triail aisteora agus, mar is eol don saol Gaelach anois, tugadh ceann de na príomhpháirteanna dó sa sobaldráma nua, Tadhg Ó Direáin an tábhairneoir. Is deargbhithiúnach é an Tadhg seo, ach dar le Macdara, is páirt shuimiúil é. Mar a deir sé féin: 'bíonn carachtair dheasa leadránach.'

Tá láithreán seite le haghaidh an bhréagbhaile 'Ros na Rún' tógtha sa Spidéal i gCo. na Gaillimhe. Bíonn an sobaldráma á thaifeadadh ansin ar feadh sé mhí den bhliain. Nuair a bhíonn an obair

Macdara i bpáirt Thadhg Uí Dhireáin sa sobaldráma Ros na Rún.

thaifeadta ar bun, caitheann Macdara sé mhí 'siar is aniar' as Baile Átha Cliath, áit a bhfuil cónaí air. Ní chuireann sé seo as dó. Mianach an tseachránaí arís!

'Ach nuair a bhí mo mhac Cormac óg,' a deir sé, 'caithfidh mé a rá go mbíodh sé ag goilliúint orm a bheith imithe ón mbaile agus an t-ualach oibre fágtha ar mo bhean.'

Scannánú á dhéanamh ar an sobaldráma Ros na Rún.

Macdara, Áine Máire Ní Óráin agus Ciabhán Ó Murchú sa sobaldráma Ros na Rún.

Nuair a thagann deireadh leis an taifeadadh sa Spidéal bíonn Macdara saor le dul sa tóir ar róil eile, nó 'dul ag spailpínteacht', mar a deir sé féin. Blianta áirithe bíonn sé an-chruógach; blianta eile bíonn sé deacair go leor obair a fháil.

Cé go raibh sé gafa le hAmharclann na Mainistreach ar feadh na mblianta d'éirigh leis roinnt aisteoireacht scáileáin a dhéanamh freisin, idir phíosaí i scannáin agus phíosaí ar an teilifís. Ina measc bhí *The Heart's a Wonder, Spike, Inquiry at Knock, Teangabháil, An Taoille Tuile, The Irish R.M., No Tears, Love and Savagery, Leap Year, Cosa Nite, Seacht gCéad Uaireadóir* agus *Poitín*, an chéad scannán lánfhada dá ndearnadh riamh i nGaeilge.

Macdara (ar dheis) sa dráma teilifíse Inquiry at Knock *a craoladh ar RTÉ sa mbliain 1979.*

Deir Macdara go bhfuil obair os comhair ceamara i stiúideo an-teicniúil agus gur féidir leis a bheith leadránach. Cé go bhfuil obair stáitse níos deacra tá níos mó scóipe agus saoirse ag an aisteoir ar an stáitse.

Scannánú á dhéanamh ar an ngearrscannán
Seacht gCéad Uaireadóir.

B'fhearr leis féin lá ar bith a bheith ar an stáitse.

'Agus níl an sásamh pearsanta céanna le fáil as a bheith ag obair i stiúideo. B'fhearr liom féin go mbeadh aistuairisciú le fáil ón lucht féachana ag an am,' a deir sé. 'Níl tada chomh blasta le gáire agus bualadh bos lucht féachana nuair a atá tú i ndráma a bhfuil ag éirí go maith leis – agus ní i gcónaí a tharlaíonn sé sin. Sa gceird seo, bíonn tú ag foghlaim i gcónaí. Lá amháin ceapann tú go bhfuil beagán ar eolas agat agus an chéad lá eile ceapann tú go bhfuil tú sa bpost mícheart.'

AN TAISTEOIR
I MBUN PINN

Is spéis le Macdara a bheith ag scríobh don stáitse chomh maith le bheith ag plé leis an aisteoireacht. Chóirigh sé an t-úrscéal *Deoraíocht* le Pádraic Ó Conaire don stáitse sa mbliain 1979 agus léiríodh é le linn Fhéile Amharclannaíochta Bhaile Átha Cliath. An bhliain ina dhiaidh sin chuir Macdara *Lig sinn i gCathú*, úrscéal le Breandán Ó hEithir, in oiriúint don stáitse in am don fhéile chéanna. Blianta ina dhiaidh sin, in 1995, chóirigh sé an t-úrscéal *Cré na Cille* leis an scríbhneoir mór le rá Máirtín Ó Cadhain d'Amharclann na Mainistreach. Ghlac Macdara féin páirt sa dráma seo nuair a léiríodh é. Chuaigh *Cré na Cille* ar chamchuairt míosa ar fud na tíre agus bhí a áit dúchais, Inis Meáin, san áireamh.

'Ní raibh mé riamh chomh neirbhíseach ag dul amach ar stáitse agus a bhí mé in Inis Meáin,' a deir Macdara. 'Is iad do dhaoine féin na criticeoirí is géire.'

Sa mbliain 2006 rinne sé féin agus Robert Quinn athchóiriú don scáileán ar an leagan stáitse de *Chré na Cille*. Is é an comhlacht Rosg a léirigh an scannán agus craoladh é ar TG4. Taitníonn le Macdara a bheith ag scríobh ach is mór idir an dá cheird, dar leis.

Clár Cré na Cille *nuair a léirigh Amharclann na Mainistreach é in 1996.*

Póstaer ó léiriú 2006 den dráma Cré na Cille. *Is í* Taibhdhearc na Gaillimhe *a léirigh.*

'Is obair fhoirne í an aisteoireacht ach is obair aonair í an scríbhneoireacht. Teastaíonn féinsmacht thar cuimse le bheith i do scríbhneoir.'

Macdara (ina sheasamh, an dara duine ón deis) agus a chomhaisteoirí i léiriú 2006 den dráma Cré na Cille. *In Inis Meáin atá siad.*

An Fear Féin

Macdara, Eileen agus Cormac
ar laethanta saoire.

Tá Macdara pósta le Eileen Dunne. Is as Cluain Tarbh i mBaile Átha Cliath í Eileen agus is léitheoir nuachta í le RTÉ. Casadh an bheirt ar a chéile ag Aonach Gabhar agus Féile Filíochta F.R. Higgins i mBéal Easa i gCo. Mhaigh Eo sa mbliain 1991. Tá siad ina gcónaí anois i gCluain Tarbh agus tá mac acu, Cormac. Is maith le Macdara a bheith ag maireachtáil i gCluain Tarbh.

'Tá sé gar don fharraige agus tá an DART cóngarach le dul go Binn Éadair. Chomh maith leis sin, tá tú in ann siúl isteach sa gcathair más maith leat.'

Nuair a bhíonn am saor aige is breá le Macdara a bheith ag léamh – an seanghalar a phioc sé suas i dTuaim fadó. Is maith leis freisin crosfhocail a dhéanamh, dul chuig an amharclann agus pionta Guinness a ól lena chairde. Coinníonn sé súil ar beagnach chuile chineál spórt: peil Ghaelach, sacar, rugbaí agus galf. Ach seachas cluichí an domhain, is í an iománaíocht an cluiche is iontaí ar fad acu, dar leis.

'An cluiche is sciliúla, is ealaíonta. Bím ag tnúth

chomh mór le cluiche iománaíochta a fheiceáil agus a bheinn le leabhar nua filíochta a oscailt. Níl a fhios agat cé na seoda draíochta atá amach romhat.'

Tacaíonn sé le Gaillimh, gan dabht.

'Cá fhad go dtabharfaidh siad Corn Mhic Cárthaigh thar an tSionnain siar arís!'

Téann sé féin agus a mhac chuig cluichí iománaíochta go leor, síos faoin tír ó am go chéile, agus téann siad go Londain ag breathnú ar Arsenal. Tacaíonn Cormac le hiománaithe na Gaillimh nuair nach mbíonn siad ag imirt in aghaidh Bhaile Átha Cliath!

Bhí suim ag Macdara i gcónaí sa gceol agus is aoibhinn leis dul chuig seisiún maith ceol traidisiúnta. Le déanaí tá sé ag foghlaim leis an bhfeadóg stáin a chasadh.

'Theastódh tuilleadh ceachtanna agus cleachtadh uaim,' a deir sé.

Is duine príobháideach é Macdara Ó Fátharta. Ní dheachaigh sé le haisteoireacht le clú agus cáil a bhaint amach dó féin. Ní mórán airde a thugann sé ar 'chultúr na *celebs*' a bhaineann le sobaldrámaí.

Macdara agus Mary Bergin agus iad ag glacadh páirt sa gclár teilifíse Faoi Lán Cheoil.

Dar leis nach bhfeabhsaíonn ná nach n-athraíonn saol daoine dá mbarr.

'Má fheictear thú ag glacadh páirt i sobaldráma tugtar "réalt" ort,' a deir sé. 'Ach b'fhéidir gur cheart an focal sin a spáráil le haghaidh daoine ar nós

Gabriel Byrne, Anthony Hopkins nó Colin Farrell.'

Creideann Macdara go láidir gurb iad na *celebs* ba cheart a bheith againn ná daoine a oibríonn go crua ag iarraidh saol daoine eile a fheabhsú, daoine nach n-aithnítear agus iad ag siúl na sráide. Luann sé Alice Leahy, Adi Roche, an tAthair Peter McVerry agus a leithéidí.

Mar fhocal scoir deir sé faoin aisteoireacht, 'Mholfainn an ghairm seo chomh fada is nach gceapann tú go ndéanfaidh tú saibhreas aisti – go mbeidh carr is teach mór agat agus do phictiúr sna *tabloids.'*

'Má thugann tú fúithi mar gheall ar an *glamour* agus an ghlóir déan dearmad air.'